Cyndi Haynes

Nur wer sich wandelt bleibt sich treu

Cyndi Haynes

Nur wer sich wandelt bleibt sich treu

Jeder Tag bringt neue Chancen

Aus dem Amerikanischen von
Bernardin Schellenberger

Herder
Freiburg · Basel · Wien

Titel der amerikanischen Originalausgabe:
The Book of Change. Making Life Better

Gedruckt auf umweltfreundlichem,
chlorfrei gebleichtem Papier

2. Auflage

www.herder.de
Typografie und Gestaltung:
smp-schmidt media production, Freiburg
Herstellung: fgb · freiburger graphische betriebe 2002
www.fgb.de
Umschlaggestaltung und Konzeption:
R·M·E München / Roland Eschlbeck, Liana Tuchel
ISBN 3-451-07014-6

Dieses Buch ist in Liebe Andrew gewidmet.
Du kannst hoffentlich immer deinen Träumen folgen.

Liebe Leserin, lieber Leser,

schon immer war ich von Aufbrüchen und Neuanfängen begeistert. Wir wenden derzeit ein Blatt im Geschichtsbuch um und sind am Beginn eines neuen Jahrtausends. Ich kann mir gar keinen besseren Zeitpunkt vorstellen, um auch gründliche Veränderungen in sich selbst und seinem Leben vorzunehmen. So hoffe ich sehr, Sie finden auf diesen Seiten Anregungen, die zu Ihrem Herzen sprechen, und dazu auch noch die nötige Ermutigung, um die Änderungen, die Sie sich wünschen, tatsächlich ins Werk zu setzen. Möge Ihnen dieses Buch Türen in ein persönliches Glück aufschließen, das Sie bisher nur erträumt, aber nie für wirklich möglich gehalten haben!

Ganz herzlich
Cyndi Haynes

Die beliebtesten Veränderungen

Diät einhalten
gesund essen
Geld sparen
einen neuen Job finden
mehr Zeit mit der Familie verbringen
der Spiritualität Raum geben
ein besserer Mensch werden
mehr Geld für soziale Zwecke spenden
sich ehrenamtlich engagieren
weniger arbeiten
besser aussehen
mehr lesen
das Haus sauberer halten
mit Rauchen aufhören
mit Trinken aufhören
regelmäßig Sport treiben
in die Partnerschaft wieder mehr Romantik bringen
ein besserer Vater / eine bessere Mutter sein
sich beruflich weiterbilden
interessante oder abenteuerliche Reisen machen

Jeder Tag wird dir neu geschenkt. Du gewinnst ihm so viel ab, wie du hineingibst ... Hast du Fehler gemacht, so kannst du immer wieder neu anfangen. Falls du es schon oft versucht hast und immer wieder gefallen bist, kannst du trotzdem zu jedem Zeitpunkt noch einmal anfangen. Denn was wir „Versagen" nennen, besteht nicht im Fallen, sondern im Liegenbleiben.

Mary Pickford

Schliesse jeden Tag ab und lass ihn dann los. Du hast das deine getan. Zweifellos haben sich einige Schnitzer und Dummheiten eingeschlichen; vergiss sie so bald wie möglich. Morgen ist ein neuer Tag. Fange ihn gut und locker an. Sei so guter Laune, dass du dich nicht gleich wieder von altem Unsinn behelligen lässt. Was du jetzt hast, ist alles gut und richtig. Es birgt so viele kostbare Hoffnungen und Verheißungen, dass du keinen einzigen Augenblick an Gestriges verschwenden solltest.

Ralph Waldo Emerson

Wenn deine Träume
wahr werden sollen,
musst du wach bleiben.

ANONYM

Wir bereiten uns ständig
auf das Leben vor,
leben aber nie.

Ralph Waldo Emerson

Am besten gelingen Änderungen, wenn man sie

in kleine Schritte unterteilt
gut plant
so anlegt, dass sie einen selbst und das eigene
Leben spürbar bessern
leicht begreift
sich gut merken kann
mit Freunden und Angehörigen bespricht
sich genau aufschreibt
vom Herzen her will
im Einklang mit den eigenen Überzeugungen
vornimmt
im Bereich des Erreichbaren hält
wirklich lohnend findet

FANGE AUF der Stelle zu leben an und zähle jeden Tag als einzelnes Leben.
LUCIUS ANNAEUS SENECA

AUF ZWEI DINGE sollte man im Leben abzielen: das zu erlangen, was man erlangen will und dann, es zu genießen. Nur den Weisesten gelingt das zweite.
LOGAN PEARSALL SMITH

Der zuverlässigste Grundsatz im Leben lautet: Reformiere nicht andere, sondern arbeite daran, selbst immer besser zu werden.

B. R. Hoyden

Der grösste Sieg ist der Sieg über sich selbst.

Anonym

Wie ändert man sein ganzes Leben und die Einstellung der Menschen in seiner Umgebung? Indem man einfach sich selbst ändert.

Rudolph Dreikurs

Die beliebtesten Wünsche und Anliegen, die eine grössere Änderung erfordern:

einen Lebensgefährten finden
die Schule oder die Ausbildung gut abschließen
sich ein Haus kaufen können
einen neuen Job finden

Ein Einsatz ohne Vision ist eine Schinderei.
Eine Vision ohne Einsatz ist ein Traum.
Ein Einsatz mit einer Vision verheißt Sieg.
Anonym

Entscheidend beim Menschen ist sein Denken. Darum bringt der etwas fertig, der denkt, er könne es.
Nixon Waterman

Sinn und Zweck tauchen auf, wenn man anfängt, etwas zu ändern.

Hergelitus

Wer jung bleiben will, muss sich ändern.

Alexander Chase

Wenn du die Veränderung
geschafft hast,
hast du's geschafft.

Bruce Barton

Ein Ziel ist immer auch der Start zum nächsten Ziel.

John Dewey

Nichts geschieht, was nicht zuerst als Traum vor Augen steht.

Carl Sandburg

Handle so, als sei Scheitern gar nicht möglich.

Dorothea Brande

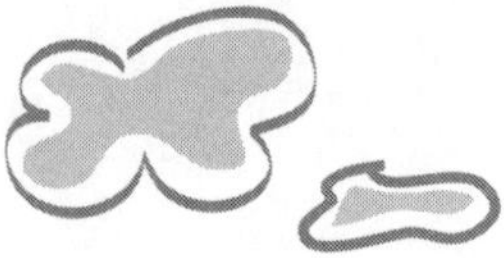

Wer sich um etwas drückt, kann kein Spiel gewinnen.
Besser ist es, dran zu bleiben und dann eben beim Versuch zu scheitern.

Edgar A. Guest

Änderungen sind immer mit Unlust verbunden, sogar solche vom Schlechteren zum Besseren.

Richard Hooker

Finde Freunde, die positiv eingestellt sind

mithelfen und aufbauen
die nur Gutes wünschen
jederzeit für dich da sind
glauben, dass du deine Ziele erreichen kannst
dir von Herzen Erfolg wünschen
spirituelle Menschen sind
auch an sich selbst arbeiten
dir alles ungeschminkt sagen
dich zur Rede stellen, wenn du deine Vorsätze
nicht einhältst
angenehme Mitstreiter sind
dein Vertrauen nicht missbrauchen

Was zum Erfolg mithilft:

Wenn du dir vor Augen hältst, dass dir deine Ziele eine klare Richtung und einen konkreten Zweck geben. Das macht die Mühe leichter, sich zu ändern.
Wenn du begreifst, dass du einige Mühe investieren musst, wenn du deine Ziele auch erreichen willst. Zum Nulltarif erreichst du nichts.
Wenn deine Träume deine Phantasie und deine Fähigkeiten steigern.
Wenn du wirklich den Wunsch hast, dich in Richtung deiner Ziele, Träume und Wünsche zu verändern.
Wenn du immer daran denkst, dass alle Veränderungen darauf abzielen, dir und deiner Familie eine gute Zukunft zu eröffnen.

Die häufigsten Charakterzüge von Menschen, die sich Ziele stecken und sie auch erreichen. Sie sind:

ausdauernd

spirituell

kühn

entschlossen

phantasiebegabt

unerschrocken

mutig

kreativ

stark im Selbstvertrauen

unerschütterlich

kompromisslos

zuversichtlich

zäh

Es ist schon seltsam im Leben:
Wenn man nur mit dem Besten
zufrieden ist,
kriegt man es oft sogar.

W. Somerset Maugham

Wie man herausfindet, was man ändern will:

Themenliste anlegen (Brainstorming)
Die Bereiche anschauen, in denen man unglücklich ist
Schwachzonen im eigenen Leben ausmachen
Sich Feedback von Freunden geben lassen
Auf sein Herz hören
Liebe Menschen um Rat fragen
Sich vom Chef oder Kolleginnen und Kollegen etwas sagen lassen
Die Kinder fragen
Sich an die Träume der eigenen Kindheit erinnern
Über Gefühle und Gedanken Tagebuch führen
Kleinere Veränderungen ausprobieren

Es gibt niemandem,
dem der Mut zur Veränderung
völlig abgeht.

Rollo May

Die hauptsächlichsten Gründe, aus denen Menschen ihre Vorsätze nicht einhalten:

Sie sind nicht ganz und gar entschlossen, ihre Ziele zu erreichen

Sie haben sie nicht aufgeschrieben

Sie geben ihnen nicht den Vorrang vor allem anderen

Sie haben noch nie Erfolg gehabt und machen auch jetzt nur einen halbherzigen Anlauf

Sie haben Angst vor dem Erfolg

Sie haben Angst vor der Veränderung

Sie möchten sich nicht besonders anstrengen

Sie werden auf halbem Weg müde

Sie verkennen, dass Veränderungen ihre Zeit brauchen

Sie versäumen es, sich unterwegs immer wieder den Erfolg auszumalen

Ich möchte lieber bei etwas, das mir Spaß macht, versagen
als Erfolg haben bei etwas, das ich nicht mag.
George Burns

Wir alle sollten uns Sorgen um die Zukunft machen, denn schließlich werden wir den Rest unseres Leben dort verbringen müssen.
Charles F. Kettering

Wenn jemand zuversichtlich
Schritt um Schritt in die
Richtung
seiner eigenen Träume geht
und es unternimmt,
das Leben zu führen,
das er sich vorgestellt hat,
dann wird ihm ein Erfolg
beschieden, den normalerweise
kein Mensch
erwarten würde.

Henry David Thoreau

Nennen Sie das Veränderungen oder sonstwie; Hauptsache, es motiviert Sie:

neu anfangen
zum zweiten Versuch starten
frische Chancen nutzen
anders ansetzen
eins zulegen
ausbrechen
Herausforderungen anpacken
Gelegenheiten beim Schopf fassen
Ziele verfolgen
Träume verwirklichen
rote Fäden im Leben durchziehen

Ohne Disziplin ist Leben gar nicht möglich.

Katharine Hepburn

Mit Gewissheit kannst du nur einen einzigen
Punkt im Universum verbessern,
und das bist du selbst.

Aldous Huxley

Die üblichsten Arten von Veränderungen:

spirituelle
finanzielle
physische
emotionale
berufliche
beziehungsmäßige
soziale
gemeinschaftsbezogene

Wir ändern uns, ob uns das passt oder nicht.
Ralph Waldo Emerson

Selbst wenn du auf der richtigen Schiene bist, kannst du überfahren werden, wenn du darauf nur herumhockst.
Will Rogers

Von niemandem
wird erwartet,
dass er Unmögliches
zustande bringt.

Französisches Sprichwort

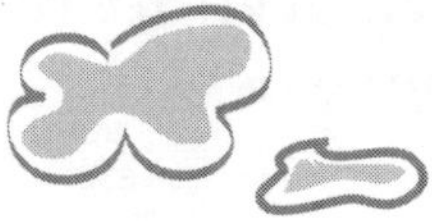

Wenn du denkst, du kannst etwas,
kannst du es.
Und wenn du denkst, du kannst es nicht,
hast du Recht.
Mary Kay Ash

Das Wort unmöglich kam in meinem
Wörterbuch nicht vor.
Napoleon Bonaparte

Wiederhole dir selbst immer wieder:

Ich kann

Ich will

Ich bin fest entschlossen

Ich glaube

Ich weiß

Ständiges Bemühen und häufige Fehler sind die Pflastersteine zum Genie.

Elbert Hubbard

Nicht wenn man viel verbrennt, hat man Erfolg. Man muss zuerst selbst brennen.

Fred Shero

Gewinner bleiben immer hart am Ball; wer alles laufen lässt, kann nie gewinnen.

Vince Lombardi

Am gefährlichsten für unser Leben sind die Leute, die alles ändern wollen ... oder nichts.

Lady Astor

Zerbrechen bestimmte Raster, so tauchen neue Welten auf.

Tuli Kupferberg

Absurd
ist der Mensch,
der sich nie
ändert.

Auguste Barthélemy

Man beschliesst, was man zustande bringen möchte, legt sich die Strategie zurecht, wie man das erreicht und dann legt man los. So einfach ist das.

Nancy Ditz

Verlorene Zeit findet man niemals wieder.

Ben Franklin

Sei zuversichtlich. Denke nicht an die Misserfolge von heute, sondern an den Erfolg, der sich vielleicht morgen einstellt. Du hast dir eine schwierige Aufgabe vorgenommen, aber sie wird dir gelingen, wenn du Ausdauer hast; und es wird dir Freude machen, Hindernisse zu überwinden. Denke immer daran: Keine Mühe, etwas Schönes zu erreichen, geht endgültig verloren.

Helen Keller

Ich lebe mit Entschlüssen für den jeweiligen Tag und nicht immer für ein ganzes Jahr.

Henry Moore

Strategien für solche, die eine Partnerin oder einen Partner suchen:

Verabrede dich nur mit Leuten, die für eine Bindung frei sind

Setze die Partnersuche ganz oben auf die Liste deiner Prioritäten

Schau dich nach Möglichkeiten um, andere zu treffen

Unternimm Neues, wo du neue Leute triffst

Sei bereit, den ersten Schritt zu tun

Mach dich gefasst, Ablehnung mit Fassung hinzunehmen

Tritt einem neuen Verein oder Club bei

Entwickle neue Interessen

Genieße dein Singledasein und mache das Beste daraus

Lerne aus vergangenen misslungenen Begegnungen

Nimm Verabredungen nicht tierisch ernst

Genieße grundsätzlich jede Verabredung

Sei realistisch

Nur
schlechte
Pläne
lassen
sich
nicht
ändern.

PUBLIUS SYERS

Eine
Veränderung
eröffnet
immer
die Möglichkeit
für weitere
Veränderungen.

Niccolò Machiavelli

Entscheidungen sind schicksalsbestimmend.

FREDRICK SPEAKMAN

Glück
ist
Tätigsein.
DAVID THOMAS

Ratschläge für den Erfolg:

Denke immer daran: Sobald du außerhalb deiner selbst nach den Antworten auf die Frage suchst, was sich in deinem Leben oder in dir selbst ändern soll, musst du deine volle Aufmerksamkeit wieder deinem eigenen Herzen und deiner Seele zuwenden, um von dort die Antwort zu erfahren.
Bringe dir selbst bei, dich für deine Ziele zu begeistern und sie als Etappen zu einem neuen, besseren Selbst zu betrachten.
Begreife, dass bei jeder gelungenen Veränderung ein hohes Maß an Willensstärke, Entschlossenheit und Zähigkeit im Spiel war.
Stelle dir deine Ziele als großartige Chance und nicht als etwas ungeheuer schwer zu Erreichendes vor.
Schreibe dir deine Ziele auf Merkzettel und hefte sie überall hin:
daheim
im Büro
im Auto.

Bemühe dich um einen Kreis von Menschen, die sich gegenseitig bestärken und trefft euch wöchentlich oder monatlich zum Austausch.
Suche dir einen Menschen, der dich ermutigt und berät.
Wenn du deine Ziele oder Vorsätze aufschreibst, sei ganz ausführlich und genau.
Frage dich selbst, was in deinem Leben fehlt.

Wenn dir an dir etwas nicht gefällt, ändere es.
Wenn du es nicht ändern kannst, akzeptiere es.
Ted Shackelford

Tu was du kannst
mit dem, was du hast
dort wo du bist.

THEODORE ROOSEVELT

Nimm dir Zeit zum Überlegen,
aber wenn die Zeit zum Handeln gekommen ist,
höre mit Denken auf und zieh los.
Napoleon Bonaparte

Erfolg ist Glückssache.
Das sagt jede Zukunft.
Earl Wilson

Tipps, wie du deine Ziele erreichst:

schreibe sie auf
setze sie an die oberste Stelle
erzähle anderen davon
bitte um Hilfe
belohne dich selbst für jeden kleinen Fortschritt
unterteile den Weg zu großen Zielen in mehrere Etappen
versuche möglichst viel Freude dabei zu haben

Jedes edle Werk
ist zunächst unmöglich.
Thomas Carlyle

Grosse Werke vollbringt man nicht mit Stärke,
sondern mit Ausdauer.
Samuel Johnson

Wunsch
und
Hoffnung
treiben
uns
der
Zukunft
entgegen.

Michel de Montaigne

Wenn ich mich nicht von der Matte aufraffe, verliere ich den Kampf.

Archie Moore

Das Leben gelingt nicht nur mit guten Karten. Die Kunst besteht darin, auch mit schlechten Karten spielen zu können.

Dänischer Spruch

Die beliebtesten Veränderungen in der Stadt:

an Gewicht abnehmen
mehr Geld sparen und verdienen
sich weiterbilden
mehr Zeit mit der Familie verbringen
sein soziales Leben verbessern
seinen hektischen Lebensstil verlangsamen
sich körperlich mehr ertüchtigen

Die beliebtesten Veränderungen auf dem Land:

härter arbeiten
regelmäßig zur Kirche gehen
mehr Geld sparen
an Gewicht abnehmen
sich körperlich ertüchtigen
sein soziales Leben verbessern
mehr Zeit mit erholsamen Freizeitaktivitäten verbringen

Nichts Grosses wurde je ohne Begeisterung erreicht.

Ralph Waldo Emerson

Jede Veränderung, sogar jede zum Besseren, geht mit Rückschlägen und Unangenehmem einher.

Arnold Bennett

Die Rettung
des Menschen
besteht darin,
einen Schritt
zu tun.
Und dann
wieder einen.

Antoine de Saint-Exupéry

Solange wir uns nicht selbst aufgeben, kann uns niemand besiegen.

Dwight D. Eisenhower

Die Zukunft ist Hoffnung.

John Fiske

Aufbauendes zum Durchhalten:

Meditiere
Schreibe deine Gedanken in ein Tagebuch
Nimm dir viel Zeit zum Ausruhen
Iss gesunde Kost
Geh an die frische Luft
Besuche landschaftlich reizvolle Gegenden
Versuche, mit deinen tiefsten Regungen in Kontakt zu kommen
Mache etwas, das dich aufmuntert
Belohne dich für Erfolge
Bestrafe dich nicht bei Verstößen gegen dein Vorhaben, sondern versuche daraus zu lernen, was falsch lief
Versuche, diese Zeit so zu gestalten, dass du immer öfter etwas Schönes erlebst

Die beliebtesten kosmetischen Veränderungen:

Abspecken

Neues Make-up

Neue Frisur

Neue Haarfarbe

Rundum-Schönheitstherapie auf einer Schönheitsfarm

Chemische Hautpflege

Sich mit professioneller Hilfe ein völlig neues Aussehen zulegen

Das Schwere am Guten ist, dass man es jeden Tag tun sollte.

Anonym

Der grösste Fehler ist, aufzugeben.

Anonym

Wähle die beste Form des Lebens. Durch Gewöhnung wird sie dir angenehm werden.

Anonym

Ändere
deine
Gedanken
und
du
änderst
deine
Welt.

Norman Vincent Peale

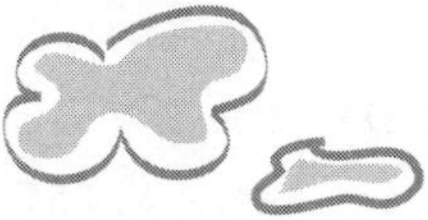

Wenn du nicht weißt, wohin du gehst,
kommst du vielleicht ganz woanders an.
Yogi Berra

Lerne zu sein, der du bist,
und lerne gelassen
auf all das zu verzichten,
was du nicht bist.
Henri Frédéric Amiel

Spezielle Anregungen für Tage, an denen du deinen Vorsatz nicht einhältst:

Fange morgens frisch an

Baue dich selbst auf, bevor du einen neuen Anlauf machst

Versuche dahinter zu kommen, warum du es im ersten Anlauf nicht geschafft hast

Überlege dir neue Wege, an deine Ziele zu kommen

Ruf jemanden an, der dich in deinem Vorsatz bestärkt

Überprüfe deine Vorsätze, ob sie nicht zu hoch gestochen sind

Am meisten scheuen besonders unglückliche Menschen die Veränderung.

Mignon McLaughlin

Das Leben besteht aus der Summe aller deiner Entscheidungen.

Albert Camus

Veränderung
ist der einzige Beweis,
dass Leben da ist.

EVELYN WAUGH

Möglichkeiten, anderen beim Erreichen ihrer Ziele zu helfen:

Sie schon zu ihren kleinsten Erfolgen beglückwünschen
Ihnen von den eigenen Erfahrungen erzählen
Oft mit ihnen über ihre Ziele sprechen
Sie in schwierigen Zeiten unterstützen
Ihnen ermutigende Briefe und Botschaften zukommen lassen
Ihnen zur Belohnung kleine Geschenke kaufen
Genau ihre Entwicklung registrieren

Die beliebtesten romantischen Veränderungen:

Den Menschen, der dir wichtig ist, an die erste Stelle vor die Arbeit, die Alltagspflichten und die Kinder setzen

Ihn mindestens jeden Tag einmal fest umarmen und küssen

Romantische Überraschungen bereiten

Den Geburtstag und alle wichtigen Jahrestage im Kopf haben

Regelmäßig Blumen und Geschenke bringen

Ihn anrufen, wenn es später wird

Zu echter Liebe reifen

Sich intensiv um das gemeinsame Liebesleben bemühen

Mit seinem Partner flirten

Treu sein

Besondere Verabredungen vorsehen

Im Liebesleben sich selbst gegenüber ehrlich bleiben

Auch auf die eigenen emotionalen Bedürfnisse achten

Echtes Erwachsensein ergibt sich aus zwei Fähigkeiten: der Selbstdisziplin und dem Selbstvertrauen. Wer beides miteinander zu entwickeln versteht, erlangt jene Ausgeglichenheit, die man Reife nennt.
J. W. Jepson

Ein bestimmtes Mass an Widerstand ist dem Menschen eine große Hilfe. Drachen steigen nicht mit dem Wind, sondern gegen ihn.
John Neal

Sieger vollbringen das scheinbar Unmögliche.
Anonym

Wenn du dir etwas erträumen kannst,
kannst du es auch vollbringen.
Walt Disney

Tage im Jahr, an denen man bestimmte Vorsätze fasst:

Neujahr – alle Arten von Vorsätzen für eine verheißungsvollere Zukunft

Valentinstag – Vorsätze, wieder aufmerksamer und zärtlicher in der Liebe zu sein

Muttertag – Vorsätze, um eine bessere Mutter zu sein

Zeugnistag – Vorsätze, bessere Noten zu machen oder die Schule mit Erfolg abzuschließen

Vatertag – Vorsätze, um ein besserer Vater zu werden

Tag der Arbeit – Vorsätze, um mehr zu verdienen oder eine bessere Stelle zu finden

Weihnachten – Vorsätze, das ganze Jahr hindurch den eigentlichen Sinn von Weihnachten zu verwirklichen

Geburtstag – Vorsätze, um sinnvoller zu leben oder sich auf bestimmten Gebieten zu ändern

So schwierig die Aufgabe auch sein mag
oder wie viele Rückschläge es immer geben mag
– wenn wir unerschütterlich daran arbeiten
und unser Glaube nie wankt, wird schließlich
unsere Anstrengung vom Erfolg gekrönt.
Unser Glaube wird Berge versetzen.
Wenn die Richtung stimmt, erreichen wir
das Ziel.

Arthur E. Maysey

Mögest du an allen Tagen deines Lebens
wirklich leben.

Jonathan Swift

Habe keine Angst, große Schritte zu tun, wenn solche angesagt sind.
Einen Abgrund kann man nicht mit zwei kurzen Schritten überqueren.

David Lloyd George

Anregungen für den Weg zum Erfolg:

Bevor du morgens aus dem Bett steigst und dich abends wieder hineinlegst, stell dir fünf Minuten vor, wie es ist, wenn du deinen Vorsatz mit Erfolg einhältst.
Schreibe deine Vorsätze und Ziele immer mit dem Füllfederhalter nieder.
Stelle dir den ganzen Tag über immer wieder ganz anschaulich vor, wie du deine Ziele erreichst.
Fasse Vorsätze, die einen Anspruch an dich darstellen, aber dich nicht überfordern.
Schreibe deine Vorsätze in deinen Kalender und deinen Wochenplaner.
Schreibe Sätze auf, die als Ermutigungen wirksam sind.
Vertraue deine Ziele einem Menschen an, der dich in jeder Hinsicht ermutigt und dir den Rücken stärkt.
Höre erst auf, wenn der Erfolg eintritt!

WIR MÜSSEN uns unablässig ändern, erneuern, verjüngen; sonst werden wir starr.

JOHANN WOLFGANG VON GOETHE

WER PAUSENLOS wie ein Pferd arbeitet, wird fast immer von dem überholt, der gelegentlich stehen bleibt, die Lage überdenkt und weiterplant.

W. J. CAMERON

Manche Menschen
haben Erfolg,
weil er für sie beschlossen
ist,
aber die meisten,
weil sie zu ihm
entschlossen sind.
Anonym

Auf lange Sicht
triffst du nur,
worauf du wirklich zielst.
Daher solltest du
auf etwas Hohes zielen,
selbst wenn du zunächst
daneben triffst.

Henry David Thoreau

Belohne dich selbst dafür, ein Ziel erreicht zu haben, indem du:

Dir etwas Neues zum Anziehen kaufst
Den Nachtisch zuerst isst
Dir ein Schmuckstück erstehst
Sehr gut essen gehst
Einen Traumurlaub buchst
Die Arbeit einmal schwänzt
Einen Tag blau machst
Einen Hund aus dem Tierheim erlöst
Mit deinem Kind spielst
Eine große Party gibst
Dir dein Lieblingsgericht zubereitest
Dir selbst Blumen schickst
Dir ein Geschenk kaufst
Lange ausschläfst
Ein Wochenende verreist

Tipps dafür, mit Erfolg Änderungen vorzunehmen:

Bringe ein spielerisches oder freches Element hinein

Nimm alle notwendigen Änderungen zur rechten Zeit vor

Verbringe Zeit mit Menschen, die schon erreicht haben, was du noch vor dir hast

Versuche es mit unterschiedlichen Methoden, dir deine Ziele schmackhaft zu machen

Höre auf deine eigene innere Stimme

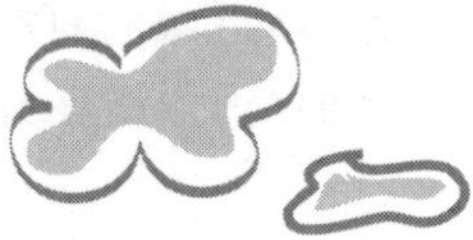

Nichts beschämt mehr, als wenn man jemanden etwas vollbringen sieht, wovon man behauptet hat, das sei nicht zu leisten.
Sam Ewing

Ausrutscher sind wie ein weiches Bett. Hinein gerätst du leicht, heraus schwer.
Johnny Bench

Weltweit beliebte Ziele:

Politische Reformen
Hebung des Lebensstandards
Religiöse Erneuerung
Persönliches Reifen
Persönliches Glück

Wenn du wartest, bis der Wind und das Wetter genau richtig sind,
wirst du nie etwas pflanzen und ernten.

Kohelet 11,4

Warte nicht ab. Genau der richtige Zeitpunkt kommt nie.

Napoleon Hill

Überprüfe, was du im Lauf der Zeit schon geändert hast:

Hast du dir schon einmal Ziele gesetzt?
Hast du mit Erfolg deine Vorsätze durchgezogen?
Was hast du aus deinem bisherigen Leben über das Aufstellen und Erreichen von Zielen gelernt?
Hat es dir Spaß gemacht, dir Ziele auszudenken und zu setzen?
Was hat dir zum Erfolg geholfen?
Was hat es schwierig gemacht?
Hast du um Hilfe gebetet?
Wer hat dir zum Erfolg geholfen?
Was kannst du tun, um deine Erfolgschancen zu erhöhen?

Sehr oft ist eher eine Veränderung in einem selbst als in der Umgebung angesagt.

Arthur Christopher Benson

Der taugt etwas, der beim Kampf zunächst in sich selbst ansetzt.

Robert Browning

ICH BIN der Herr meines Schicksals
und der Kapitän meiner Seele.
WILLIAM ERNEST HENLEY

WO EINER ehrlich kühn ist,
greift sogar Gott helfend mit ein.
MENANDER

Wie du deine Vorsätze wirksam formulieren solltest:

Bringe sie in der Gegenwartsform zum Ausdruck
Gehe genau in die Einzelheiten
Schreibe sie öfter neu auf
Sprich sie dir immer wieder laut vor
Schreibe sie auf Notizzettel und hänge dir diese überall auf
Singe sie
Sprich sie auf Band und höre sie dir an: während der Morgentoilette, beim Autofahren, Essen und am Abend

Nimm kleine Veränderungen vor:

Wähle einen kleinen Bereich, dem etwas Auftrieb gut tut

Wähle Bereiche, die nicht gleich einer radikalen Änderung bedürfen

Nimm Änderungen für einen Tag oder eine Woche vor

Suche dir einen Bereich aus, den zu ändern Spaß und Freude macht

Wenn du morgens aufstehst, fasse den Vorsatz, diesen Tag für ein Mitgeschöpf zum Glückstag zu machen.

Sydney Smith

Immerhin ist morgen ein weiterer Tag.

Margaret Mitchell

Die Zukunft kommt täglich nur einen Tag näher.
Dean Acheson

Halte nie an. Man hält immer an, wenn sich gerade etwas ereignen will.
Peter Brook

Die üblichsten Veränderungen auf gesundheitlichem Gebiet:

Nur gesunde Nahrungsmittel essen

An Gewicht abnehmen

Körperliche Generaluntersuchung machen lassen

Stress reduzieren

Jede Nacht ausreichend und gesund schlafen

Nur mäßig Alkohol trinken

Sich regelmäßig körperlich betätigen

Haustier zur regelmäßigen Untersuchung zum Tierarzt bringen

Sich gegen Grippe impfen lassen

Vitamine zu sich nehmen

FÜR ALLES, was du verpasst hast, hast du etwas anderes gewonnen.

RALPH WALDO EMERSON

ZUM GEDICHT wird eigentlich nur der Augenblick, in dem sich etwas ändert.

ADRIENNE RICH

Die einzige Disziplin, die bleibt, ist die Selbstdisziplin.
Bum Phillips

Erkenne, wie wertvoll die Zeit ist.
Fange dir jeden einzelnen Augenblick ein,
nimm ihn bewusst wahr
und erfreue dich seiner.
Philip Dormer Stanhope

Was man NICHT tun sollte, wenn man etwas ändern will:

Verschwommen sein
Den Beginn aufschieben
Das genaue Aufschreiben vergessen
Auf die negativen Stimmen im eigenen Kopf hören
Sich mit Leuten abgeben, die keinen Vorsatz halten
Mit dem Anfangen bis Neujahr warten
Glauben, das Jahr über könne man keine neuen Vorsätze fassen
Aufgeben, bevor man am Ziel ist

Anregungen für den Erfolg:

Lass möglichst viele wissen, was du dir vorgenommen hast. Auf diese Weise bekommst du mehr Unterstützung und Anteilnahme. Außerdem wirst du dich mehr anstrengen, um dich nicht zu blamieren.
Halte deinen Vorsatz wenigstens einundzwanzig Tage lang durch. Man braucht nur drei Wochen, damit ein neues Verhalten zur Gewohnheit wird. Halte das durch!
Hast du eine Veränderung beschlossen, so schreibe in eine Liste fünf oder zehn Möglichkeiten, wie du dein Ziel erreichen kannst. Denke immer daran: Je mehr Möglichkeiten du hast, dich selbst zu bestärken, desto besser packst du es. Frage deine engsten Freunde, ob sie dazu Anregungen haben.

Die üblichsten finanziellen Ziele:

Wenigstens einen Teil seines Einkommens auf die hohe Kante legen

Die Kreditkarte vom Minus ins Plus bringen

Keine Kreditkarte mehr verwenden

Für den Ruhestand sparen

Für die Ausbildung der Kinder sparen

Sich über Aktien genau informieren

Sich über Investmentfonds genau informieren

Es lernen, nicht über seine Verhältnisse zu leben

Genau Möglichkeiten zum Geldsparen erkunden

Sparsam sein

Vesper mitnehmen statt Essen kaufen

Auf Rabatte achten

Seine Hypothek abtragen

Man beginnt ab da zu wachsen, wo man seine eigene Schwäche annimmt.

Jean Vanier

Sich neu zu orientieren ist ein schmerzlicher Prozess, aber die meisten von uns brauchen das unbedingt von Zeit zu Zeit.

Arthur Christopher Benson

Deine Zukunft hängt von vielen Faktoren ab, aber am meisten von dir selbst.

Frank Tyger

Ab jetzt schiebe ich nichts mehr bis morgen auf.

Sam Levenson

Menschen, die dir helfen können, deine Ziele zu formulieren und konsequent anzusteuern:

Ehepartner

Mutter

Vater

Seelsorger

Kolleginnen / Kollegen

Chef

Mitbewohner

Bester Freund / beste Freundin

Lehrer

Therapeut

Die beliebtesten Traumvorstellungen:

Eine Weltreise machen

Um Jahre jünger aussehen

Eine Berühmtheit werden

Eine atemberaubende Entdeckung machen

Einen Weltbestseller schreiben

Sich wahnsinnig verlieben

Sagenhaft reich werden

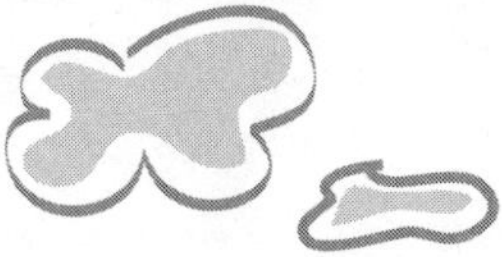

Anregungen für den Erfolg:

Denke immer daran, dass die Verwirklichung wichtiger Vorsätze harte Arbeit, energischen Einsatz und Zeit erfordert.
Begreife, dass jeder kleine Schritt, den du in Richtung deines Zieles schaffst, die nachfolgenden Schritte bestärkt. Nach und nach wird es immer leichter!

Wenn du nicht den ganzen Weg gehst, warum gehst du dann überhaupt?
Joe Namath

Mache aus dem heutigen Tag das Beste. Setze deine guten Vorsätze wirklich in Taten um.
Grenville Kleiser

Das, wovor du dich scheust, ist genau das, was du als Nächstes tun musst.

Anonym

Die meisten Leute verschieben bis morgen, was sie eigentlich gestern schon hätten anpacken sollen.

Edgar W. Howe

Willst du
die Ebene überblicken,
musst du
auf die Berge steigen.

CHINESISCHES SPRICHWORT

Versuche es entweder
überhaupt nicht,
oder halte
bis zum Schluss durch.

Ovid

Die beliebtesten Vorsätze auf sozialem Gebiet:

Sich ehrenamtlich einsetzen
Geld für etwas Gemeinnütziges spenden
Nachbarn helfen
Überzählige Kleider, Spielsachen und Möbel einem Hilfswerk spenden
Kaufen, was einem Nachbarskinder zu verkaufen versuchen
Mit Tieren gut umgehen
Sich einsetzen, um unseren Globus zu retten
Sich bei allen Wahlen beteiligen
Stolz auf seine Gemeinde sein
Kinder aus sozial benachteiligten Familien betreuen
Jemandem das Lesen beibringen
Asylanten Deutsch beibringen
Müll aufheben
Alle Haustiere der Familie vom Tierasyl beziehen
Versuchen, Vorurteile jeder Art gegen andere abzulegen

Anregungen für den Erfolg:

Fasse neue Vorsätze auf Grund der Erfolge, die du mit deinen bisherigen Vorsätzen erzielt hast.
Sei weiter ehrgeizig. Greife weiter nach den Sternen.
Denke daran: Du bist nie zu alt und nie zu jung, um Vorsätze zu fassen.
Stelle eine Liste deiner Talente und Gaben auf.
Dann formuliere dazu Vorsätze, um sie zu verstärken.
Halte dir vor Augen, dass es oft persönliche Opfer erfordert, wenn man Vorsätze macht und dann einhalten will.

HALBJAHRES-CHECK:

Hältst du deine Vorsätze ein?
Auf welchem Gebiet hast du Erfolg gehabt? Warum?
Auf welchem Gebiet hast du versagt? Warum?
Was kannst du tun, um die Wahrscheinlichkeit zu erhöhen, dass du deine Vorsätze einhältst?
Welche weiteren Vorsätze möchtest du fassen?
Möchtest du einige bisherige Vorsätze aufgeben?
Wirst du dank der erfolgten Veränderungen besser? Inwiefern?
Was hast du aus dem bisherigen Weg gelernt?
Hilfst du anderen, ihre Vorsätze zu halten?
Bis du konzentriert genug?
Gibt es eine bestimmte Tageszeit oder einen bestimmten Tag in der Woche, an dem du dich schwerer tust, zu deinen Veränderungen zu stehen?

Wir haben kein Recht, aufzugeben. Zu viele Leute geben zu früh auf. Wir bewegen uns in einem Strom der Zeit und mancher Prozess dauert eben länger; manche positiven Dinge stellen sich erst ein, wenn unser Leben vorbei ist. Wenn du wirklich fest entschlossen bist, auf der guten Seite des Lebens zu sein, sind die Kräfte des Universums bereit, dir zu helfen.

Robert Muller

Gib jeden Tag dein Bestes
und du wirst nach und nach
in deinem Leben
immer mehr Erfüllung
und Zufriedenheit erfahren.
Horatio W. Dressler

Schau:
Ein neuer
blauer
Tag bricht an.
Willst du,
dass nutzlos
er verstreiche?

THOMAS CARLYLE

Käme Gott und sagte zu dir: „Du sollst für den Rest deines Lebens glücklich sein“, was würdest du tun?

Bernie Siegel

Die Motivation lässt dich starten.
Die Gewohnheit hält dich am Laufen.

Jim Ryun

Gewohnheit ist stärker als Vernunft.

George Santayana

Alles kommt darauf an, neue Gewohnheiten zu erlernen, denn damit rührt man an die Substanz des Lebens. Das Leben ist nur ein Geflecht aus Gewohnheiten.

Henri Frédéric Amiel

Sobald du morgens die Augen aufschlägst, kannst du mit Schwung in einen glücklichen und erfolgreichen Tag losziehen.
Für den weiteren Verlauf des Tages sind immer Stimmung und Absicht zum Zeitpunkt des Starts ausschlaggebend.
Man kann jederzeit frisch und zuversichtlich neu anfangen, ganz gleich, was bisher war.

George Matthew Adams

Die bei Frauen beliebtesten Veränderungen:

An Gewicht abnehmen

Echte Liebe finden

Eine bessere Mutter werden

Eine bessere Tochter werden

Mehr Zeit für sich selbst haben

Die Ausbildung fortsetzen

Eine bessere Figur bekommen

Mit Rauchen aufhören

Nichts Unnötiges mehr kaufen

Schränke ausputzen

Sich ein völlig neues Aussehen zulegen

Eine Kur machen

Seine Freundschaften vertiefen

Optimistischer werden

Mehr Spaß haben

Auf Reisen gehen

Einen erfüllenderen Beruf finden

Vollzeit-Mutter werden

Spiritueller leben

Das Leben verrinnt,
indes wir vorerst
noch anderes zu tun haben,
bevor wir mit Leben
anfangen können.

Ralph Waldo Emerson

Wenn
nicht
jetzt,
wann
dann?

Aus dem Talmud

Vitalität äußert sich nicht nur in der Fähigkeit zum Durchhalten, sondern auch in der Fähigkeit, neu anzufangen.

F. Scott Fitzgerald

Während man sich „Kleinem“ widmet, muss man an „Großes“ denken, damit alles „Kleine“ in die richtige Richtung geht.

Alvin Taffer

Alle entscheidenden Schlachten finden im eigenen Inneren statt.
Sheldon Kopp

Verändere deine eigene Seele
und deine eigenen Ansichten
und du veränderst alles.
Rachel Lindsay

Die Zukunft ist die bevorstehende Vergangenheit.

Pierre Dac

Es gibt nur ein Versagen: mit dem Versuch aufzuhören. Niederlagen gibt es nur im Inneren. Das einzige unüberwindliche Hindernis ist im Grunde unsere eigene mangelnde Zielstrebigkeit.

Ken Hubbard

Die bei Männern beliebtesten Veränderungen:

Im Beruf vorwärts kommen

Geld sparen

Ein besserer Vater sein

Ein besserer Ehepartner sein

An Gewicht abnehmen

Die Ausbildung abschließen

Gesund und fit werden

Geld in Aktien und Investments anlegen

Mit Rauchen aufhören

Nur gesunde Nahrungsmittel essen

Ein besserer Sohn sein

Mehr reisen

Weniger Zeit im Büro verbringen

Beruflich sich verselbstständigen

Im Sport besser werden

Mehr Zeit mit guten Freunden verbringen

Mehr Freizeit haben

Was in einen Geschenkkorb für jemanden, der sich ändern will, passen würde:

Leeres Tagebuch für das Eintragen von Vorsätzen
Attraktives Schreibgerät dazu
Siegestrophäe für den Zeitpunkt des Einlaufens im Ziel
Das vorliegende Buch
Inspirierende Zitate auf Karteikarten zum Befestigen in Wohnung, Auto und Büro
Süßigkeiten oder andere kleine Belohnungen für das Feiern kleinerer Etappensiege

Die im Teenager-Alter beliebtesten Veränderungen:

Von Drogen frei werden

Auf die Universität der eigenen Wahl kommen

Gute Noten erzielen

Beliebt sein

Sich nicht auf sexuelle Abenteuer einlassen

Die zwischen zwanzig und dreissig beliebtesten Veränderungen:

Den Universitätsabschluss machen
Einen guten Job finden
Heiraten
eine eigene Wohnung
Kinder bekommen

Die zwischen dreissig und vierzig beliebtesten Veränderungen:

Beruflich einen Sprung nach vorn machen

Sich ein Traumhaus bauen

Gute Eltern sein

An Gewicht abnehmen

Sich körperlich trainieren

Die zwischen vierzig und fünfzig beliebtesten Veränderungen:

Für den Ruhestand sparen

Für die Ausbildung der Kinder sparen

Einen gesünderen Lebensstil finden

Das Leben mehr genießen

Ein spirituellerer Mensch werden

Die zwischen fünfzig und sechzig beliebtesten Veränderungen:

Nur gesunde Nahrungsmittel essen
Sich körperlich trainieren
Auf Reisen gehen
Öfter seine Kinder und Enkel besuchen
Für den Ruhestand sparen

Die zwischen sechzig und siebzig beliebtesten Veränderungen:

In den Ruhestand gehen
Gesund und fit bleiben
Auf Reisen gehen
Das Leben ausgiebiger genießen
Mehr Zeit mit der Familie und Freunden verbringen

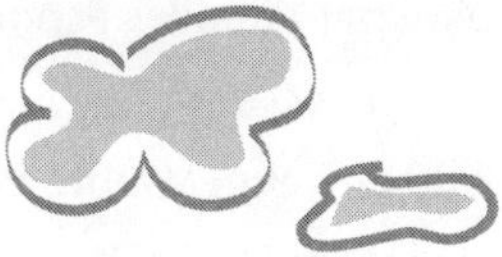

Die zwischen siebzig und neunzig beliebtesten Veränderungen:

Gesund bleiben
Aktiv bleiben
Sich ehrenamtlich betätigen
Spiritueller leben
Mehr Zeit mit der Familie verbringen
Dankbar auf alles Schöne im Leben zurückblicken
Jede einzelne Minute bewusst genießen
Kinder und Enkel finanziell unterstützen
Auf Reisen gehen
Zeit mit guten Freunden verbringen
Ein neues Hobby anfangen
Mehr lesen

Wer das Morgen mit den
Methoden
von gestern anzugehen
gedenkt, bleibt stehen.
Selbst was wir heute gut
machen,
müssen wir morgen besser
machen.

James F. Bell

Ich bezweifle, ob jemand jemals etwas mit Erfolg zustande gebracht hat, der abwarten wollte, bis alle Umstände „ganz geeignet“ waren.

Anonym

Sei weise: Fang an! Wer den Zeitpunkt, ab dem er richtig mit Leben anfangen will, vorerst noch aufschiebt, ist wie jener einfältige Bauer, der warten wollte, bis der Fluss abgelaufen sei, um ihn dann zu überqueren.

Anonym

Die beliebtesten Veränderungen für die Freizeit:

Mehr freie Zeit haben

Neue Interessen entwickeln

Ein Hobby finden, das man mit dem Lebenspartner teilen kann

Jeden Monat eine neue Aktivität ausprobieren

Mehr auf Reisen gehen

Mehr Zeit mit der Familie verbringen

Mehr Zeit mit guten Freunden verbringen

Einem Verein beitreten

Mehr Zeit seinem Haustier widmen

Wir sind in keiner Kostümprobe.
Wir leben den Ernstfall.
Tom Cunningham

Jetzt oder niemals war es Zeit.
Laurence Sterne

Die bei Kindern beliebtesten Vorsätze:

Sich besser um das Haustier kümmern

Den Eltern im Haushalt mehr helfen

Mit Geschwistern netter umgehen

Für das Studium sparen

Etwas spenden

Einen Ferienjob finden, um selbst etwas zu verdienen

Bessere Zeugnisse bekommen

Sich ehrenamtlich engagieren

Mehr Zeit mit der Familie verbringen

Die Großeltern öfter anrufen

Entschlossen wollen
Mit kühner Seele.
Sir Walter Scott

Mache es dir zur Lebensregel, nie etwas nachzutrauern und nie zurückzuschauen. Das Nachtrauern ist eine schlimme Kraftvergeudung: Du kannst darauf nichts bauen, sondern dich nur darin suhlen.
Katherine Mansfield

NUR SOLCHE Menschen haben etwas Großartiges erreicht, die den kühnen Glauben besaßen, etwas in ihnen sei stärker als die äußeren Umstände.

BRUCE BARTON

WÜRDE ICH auf die Sonne schießen, könnte ich einen Stern treffen.

P. T. BARNUM

Der Wochentag,
an dem wir ungeheuer
viel tun wollen,
heißt allzu oft morgen.

Spanisches Sprichwort

Die bei Ehepaaren beliebtesten Veränderungen:

Für ein Baby planen

Für ein Haus sparen

In eine schönere Wohnung umziehen

Mehr Zeit gemeinsam verbringen

Besser miteinander ins Gespräch kommen

Einander treu bleiben

Nie mit Wut aufeinander zu Bett gehen

Sich gegenseitig in seinen Träumen und Zielen unterstützen

Früh in Ruhestand gehen

Zweite Flitterwochen erleben

In eine anregende Umgebung ziehen

Für die Ausbildung der Kinder sparen

Das Haus neu richten

Öfter etwas Unterhaltsames unternehmen

Jede Woche einmal gemeinsam ausgehen

Mehr Zeit mit den Kindern verbringen

Ein gemeinsames Projekt oder Hobby anfangen

Du musst Dinge tun,
von denen du meinst,
du könntest das nicht.

ELEANOR ROOSEVELT

Unser Leben ist das, wozu unsere Gedanken es machen.

Marcus Aurelius

Ein Held ist einer, der tut, was er kann.

Romain Rolland

Nutze die Stunde.

Sophokles

Für alles ist Zeit.

Thomas A. Edison

Wir können nicht alles unverzüglich machen, aber wir können unverzüglich etwas machen.

Calvin Coolidge

DIE TÜR zu neuen Möglichkeiten geht nur auf, wenn man leicht dagegen drückt.
WILL ROGERS

ES KOMMT darauf an, zunächst einmal anzufangen und dann am Ball zu bleiben.
RICHARD L. EVANS

Schritt
für
Schritt:
das
ist
die
Kunst.

Aesop

Die beliebtesten Veränderungen auf beruflichem Gebiet:

Eine befriedigendere Tätigkeit finden
Selbstständig etwas anfangen
Gehaltserhöhung bekommen
Befördert werden
Beruflich etwas Neues machen
Ein Hobby zum Beruf werden lassen
Wieder eine neue Ausbildung anfangen
Weniger Stunden arbeiten

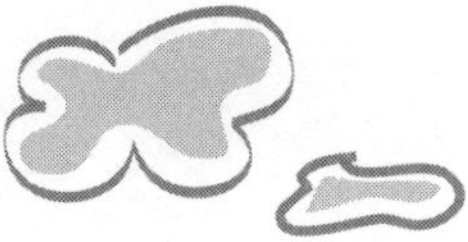

Beachte, dass du nicht mit allen deinen Vorsätzen auf einmal anfangen musst. Konzentriere dich jeden der zwölf Monate des Jahres auf einen von ihnen. Lass dir jeweils dreißig Tage Zeit, um dich an ihn zu gewöhnen. Dann versuche es mit einem weiteren Vorsatz und behalte gleichzeitig den bisherigen bei.

Veränderungen bezüglich der Haustiere:

Mehr Zeit mit seinen pelzigen Freunden verbringen

Für gute tierärztliche Betreuung sorgen

Gewährleisten, dass sie genügend Auslauf haben

Nur sicheres Spielzeug für sie kaufen

Ihnen regelmäßig Spielsachen kaufen

Sie auf Ausflüge mitnehmen

Für sein Haustier einen Gefährten finden, da Tiere ihresgleichen um sich haben wollen; sonst vereinsamen sie

Ihre Lebensqualität verbessern

Ein Heute ist zwei Morgen wert.

Ben Franklin

Der Mensch, der sagt: „Das geht nicht" wird von dem unterbrochen, bei dem es geht.

Anonym

Nur einmal darfst du nicht scheitern: beim letzten Versuch.

Charles F. Kettering

Die einzige Freude in der Welt ist das Anfangen.

Cesare Pavese

Möge Gott mich nach Unerreichbarem streben lassen.

Pindar

Beliebte Veränderungen auf dem Gebiet der Freundschaft:

Die Geburtstage der Freunde nicht vergessen

Die Jahrestage und Jubiläen der Freunde nicht vergessen

Mehr Zeit mit seinen Freunden verbringen

Von seinen Freunden nicht Vollkommenheit erwarten

Seinen Bekanntenkreis ausweiten

Ein echter Freund sein

Sich selbst ein echter Freund sein

Sich vor Augen halten, dass man zuerst selbst ein guter Freund sein muss, ehe man gute Freundschaft erwarten kann

Alle seine Freundschaften wirklich schätzen

Die bei Familien beliebtesten Vorsätze:

Mehr gemeinsame Mahlzeiten haben
Alle Familienmitglieder mit Respekt und Güte behandeln
Mehr gute Familientraditionen entwickeln
Ein Haustier für die Familie anschaffen oder sich besser um das Haustier der Familie kümmern
Das Haus sauberer halten
Die Haushaltsarbeiten besser miteinander teilen
Mehr füreinander tun
Jährlich als Familie gemeinsam in Urlaub gehen
Wöchentlich einmal als Familie ausgehen
Sich gemeinsam für etwas Lohnendes einsetzen
Zeiten des Zusammenseins der ganzen Familie ansetzen
Öfter weiter entfernte Familienangehörige besuchen
Ein Familienalbum anlegen
Ein Familientagebuch anlegen
Gemeinsam beten
Besser miteinander ins Gespräch kommen

Grosse Errungenschaften entwickeln sich aus kleinen Anfängen.

Norman Vincent Peale

Wir siegen durch Weitermachen.

George Matheson

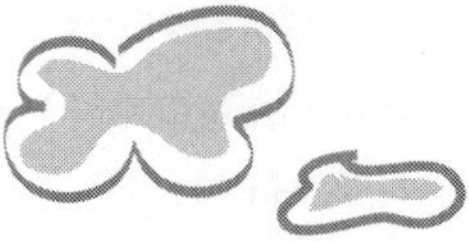

Wer zu kämpfen aufhört, hört zu leben auf.

Huey Newton

Genau genommen ist es so, dass du immer weißt, was das einzig Richtige wäre. Schwer wird es erst, wenn du das dann wirklich tun willst.

General Norman Schwarzkopf

Die lohnendsten Veränderungen im Umgang mit schwierigen Menschen:

Verzeih ihnen

Mache sie dir zu Freunden

Bitte sie, dir zu verziehen

Nimm dir fest vor, dich von ihnen nicht mehr aus der Fassung bringen zu lassen

Betrachte sie als Lehrmeister, die dir nur zu dem Zweck in dein Leben gestellt sind, dass du besser begreifst, was es heißt, Liebe, Mitgefühl und Vergebung zu praktizieren

Sage dir zuerst,
was du gern tun möchtest
und dann tu,
was du tun musst.

Epiktet

Die beliebtesten Vorsätze von Hausbesitzern:

Ein neues Haus kaufen
Die Hypothek abzahlen
Es neu richten lassen
Es mit neuen Möbeln ausstatten
Die Kinderzimmer modernisieren
Eine Sauna einbauen
Den Garten umgestalten
Eine Haushaltshilfe anstellen
Die Schränke ausputzen

Fang mit dem Notwendigen an,
dann tu das Mögliche –
und siehe: Plötzlich kannst du
Unmögliches.

Franz von Assisi

An jedem Tag
unseres Lebens
erschaffen wir
uns unser Schicksal
selbst.

Henry Miller

Für das, was wir wirklich tun wollen, finden wir immer die Zeit.

William Feather

Wenn du glücklich werden willst, lass die Wörter „Hätte ich doch“ weg und setze dafür „Das nächste Mal“ ein.

Smiley Blanton

Es stimmt nicht, dass „heute der erste Tag vom Rest meines Lebens“ wäre, sondern das Jetzt ist alles, was ich an Leben habe.

Hugh Prater

Wir sollten keine übertriebenen Versprechungen machen, jedoch anpacken, was wir scheinbar nicht können, wenn man uns dazu auffordert.

Abraham Lincoln

Unser grösster Ruhm besteht nicht darin, nie zu fallen, sondern darin, nach jedem Fallen wieder aufzustehen.
Ralph Waldo Emerson

Die Menschen, die versuchen, etwas hinzubringen und dabei scheitern, sind unendlich besser als diejenigen, die nichts versuchen.
Lloyd James

Heute
ist
der
erste
Tag
vom
Rest
deines
Lebens.

ANONYM

Wenn man an einem Ziel ankommt, findet man dort den Ausgangspunkt zum nächsten.
John Dewey

Selbstdisziplin ist höchste Eleganz.
Ralph Waldo Emerson

Tust du weiter, was du jetzt tust, so bekommst du weiter, was du jetzt bekommst. Fang an, positive Veränderungen vorzunehmen.
Anonym

Das
morgige
Leben
kommt
zu spät.
Lebe heute.

Martial

Die beliebtesten intellektuellen Ziele:

Einen Intelligenztest machen

Ein höheres Diplom erwerben

Literarisch bedeutende Werke lesen

Sich in neue Interessengebiete einarbeiten

Brillante Werke schaffen

Kinder unterrichtlich betreuen

Literaturunterricht geben

Sich zum Wohl der Menschheit einsetzen

Wer sich
an einen Stern
bindet,
blickt nicht
zurück.

Leonardo da Vinci

Der Mensch muss es versuchen. Immer wieder.

Lawson Purdy

Es gibt nur ein Scheitern: es nicht mehr weiter zu versuchen.

Elbert Hubbard

Beliebte wöchentliche oder monatliche Veränderungen:

In der Ernährung

Extra-Anstrengung bei der Arbeit

Einsatz bei einem Projekt der Gemeinde oder Schule

Eine gute Tat vollbringen

Mehr Spaß haben

Das Haus sauberer halten

Die Inspiration mag keine langen Verlobungszeiten; sie will die Tat vom Fleck weg heiraten.

Brandon Francis

Der Weg zu lohnenden Zielen kennt keine Abkürzungen.

Beverly Sills

Der Sieg gehört den Ausdauerndsten.

Napoleon Bonaparte

Übe dich in kleinen Dingen und schreite von dort zu größeren weiter.
Epiktet

Ich bin immer noch nicht dort, aber schon näher dran als gestern.
Anonym

Erfolge ohne Mühe gibt es nicht. Wer Erfolg hat, verdankt den Erfolg seiner Ausdauer.
Romana Maharski

Kein Mensch
scheitert;
aber viele
geben auf.

Elihu Root

Fragen, um herauszufinden, welche Veränderungen man vornehmen sollte:

Wie würde sich dein Wunschtraum vom Leben von deinem derzeitigen Leben unterscheiden?
Warum bist du hier auf diesem Planeten Erde?
Bist du glücklich? Warum oder warum nicht?
Wie sahen deine Lebensträume aus, als du jung warst?
Was machst du leidenschaftlich gern?
Was zaubert dir ein Lächeln auf die Lippen?
Was sind deine Stärken?
Was sind deine Schwächen?
Was wird aus dir, wenn du den Weg weitergehst, auf dem du jetzt bist?
Bist du auf dich selbst stolz?
Wovon wünschst du dir, dass es in deinem Leben geschehe?
Was musst du unternehmen, um deine Träume wahr werden zu lassen?

DAS LEBEN gehört den Lebendigen, und wer lebendig ist, muss auf Wandlungen gefasst sein.
JOHANN WOLFGANG VON GOETHE

ERFOLG scheint weithin mit der Frage verbunden zu sein, ob man dort weitermacht, wo andere aufgegeben haben.
WILLIAM FEATHER

Für dich und mich ist das Heute alles, was wir haben. Das Morgen ist ein Dunst, der vielleicht nie Wirklichkeit wird.

Louis L'Amour

Wenn ich in die Zukunft blicke, strahlt sie derart hell, dass mir die Augen brennen.

Oprah Winfrey

Erst wenn du ein Ziel hast, kannst du schießen.

Griechisches Sprichwort

Die beliebtesten moralischen Veränderungen:

Ehrlich sein

Seinem Ehepartner treu sein

Den Kindern ein gutes Beispiel vorleben

Sich bemühen, ein moralisch integrer Mensch zu sein

Sich für die Menschheit einsetzen

Sich um die weniger Begünstigten kümmern

Versuchen, Gott allezeit zu gefallen

Sich als Held im Leben bewähren

Mit Tieren liebevoll umgehen

Immer daran denken, dass das Leben eines einzelnen Menschen sich nachhaltig auf die ganze Welt auswirken kann

Sich an die Zehn Gebote halten

Verlege dich mit Herz und Seele ganz darauf, Vorsätze zu fassen und deine Ziele zu erreichen.

Jeden Abend
sollten wir mit uns selbst
Rechenschaft halten:
Welche Schwäche habe ich
heute gemeistert?
Welchen Leidenschaften
mich widersetzt?
Welcher Versuchung
widerstanden?
Welche Tugend
erworben?

Seneca

Liste positiver Veränderungen, die man erwägen könnte:

Ein spirituellerer Mensch werden
Sich mehr Zeit zur Muße verschaffen
Öfter lachen
Sich weigern, von Problemen erdrückt zu werden
Sich weniger Sorgen machen
Mehr auf Reisen gehen
Sich selbst mehr einbringen
Sein wahres Selbst finden
Ein Haustier aus dem Tierasyl holen
Mehr lesen
Weniger fernsehen
Mehr Zeit mit seinen Lieben verbringen
An die Kürze des Lebens denken
Hochgemuter sein
Etwas für seine Gesundheit tun
Am Ende jedes Tages alles Revue passieren lassen, was einem an Schönem geschenkt wurde
Dankbar für seine Kinder und Eltern sein
Mit seinem Ehepartner das ganze Leben hindurch in herzlicher Liebe leben

Es gibt nirgendwo einen Menschen, der nicht im Stande wäre, mehr tun zu können, als er glaubt.
Henry Ford

Sich verbessern heißt, sich ändern.
Vollkommen sein heißt, sich oft ändern.
Winston Churchill

Was du bist, ist Gottes Geschenk für dich. Was du daraus machst, ist dein Geschenk für Gott.
Anthony dalla Villa

Selbstachtung ist die Frucht der Selbstdisziplin.

Abraham Heschel

Habe Geduld. Du wirst es merken, wenn es Zeit für dich ist, aufzuwachen und loszulegen.

Ram Dass

Es ist nie zu spät, das zu sein, was du hättest sein können.

George Eliot

Probier's.
Probier's
immer
wieder.

William Edward Hickson

Der unverzichtbare erste Schritt in Richtung dessen, was du erreichen willst, besteht darin: Beschließe, was du willst.

Ben Stein

Unsere grösste Schwäche ist die, aufzugeben. Der sicherste Weg zum Erfolg ist der, es immer noch ein letztes Mal zu versuchen.

Thomas Edison

Weder im Roman noch im Leben ist es je zu spät, alles noch einmal umzuschreiben.

Nancy Thayer

Schreibe die zehn wichtigsten Dinge auf, die du in deinem Leben ändern möchtest.

Schreibe deine zehn wichtigsten Ziele für die nächste Woche auf.

Schreibe deine zehn wichtigsten Ziele für den nächsten Monat auf.

Schreibe deine zehn wichtigsten Ziele für die nächsten sechs Monate auf.

Schreibe deine zehn wichtigsten Ziele für das nächste Jahr auf.

Hast du einen bestimmten Entschluss gefasst, so schreibe dir fünf bis zehn Möglichkeiten auf, die dir helfen können, dein Ziel zu erreichen. Denke immer daran: Je mehr verschiedene Möglichkeiten zu hast, dich selbst zu bestärken, desto besser sind deine Erfolgsaussichten.

Danksagung

Ich möchte mich bei den großartigen Leuten von Andrews McMeel Publishing bedanken, vor allem bei meiner Lektorin Jean Zevnik, dass sie so an dieses Buch geglaubt hat. Sie ahnen gar nicht, was mir Ihre viele Mühe und Ihre Unterstützung bedeuten!

Gary Thorp

Zen oder die Kunst, den Mond abzustauben

Band 7005

Ein Zenbegleiter für den Alltag, amüsant und inspirierend – mit tiefgründigen Einsichten nicht nur zur Hausarbeit.

Schenk dir eine Pause

Band 7009

Urlaub für die Seele: Wer pausiert, hat mehr vom Leben – die Zeit nämlich, die Genuss und Spaß bringt.

Pierre Stutz

50 Rituale für die Seele

Band 7004

Gelassenwerden, wenn der Druck zunimmt; die eigenen Ressourcen entdecken und zu neuer Lebendigkeit aufbrechen – dazu lädt Pierre Stutz ein.

Das kleine Buch zur guten Nacht

Band 7006

Sich auf die Nacht vorbereiten, Störendes abschalten und den Tag ausklingen lassen. Sich einstimmen auf einen gesunden und heilsamen Schlaf und Träume, die gut tun.

Karl Forster

Lob der Hängematte

Band 7010

Ein Vergnügen für Langschläfer und Tagträumer, für Hängematten-Fans und Hektik-Feinde.